아르페지오네 소나타

장의순 시집

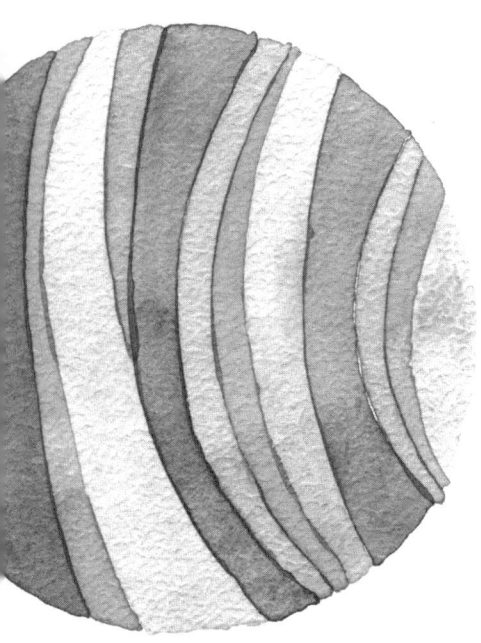

초판 발행 2017년 10월 15일
지은이 장의순
펴낸이 안창현 **펴낸곳** 코드미디어
북 디자인 Micky Ahn
교정 교열 백이랑
등록 2001년 3월 7일
등록번호 제 25100-2001-5호
주소 서울시 은평구 갈현로 318-1 1층
전화 02-6326-1402 **팩스** 02-388-1302
전자우편 codmedia@codmedia.com

ISBN 979-11-86104-68-2 03810

정가 10,000원

이 책의 판권은 지은이와 코드미디어에 있습니다.
잘못 만들어진 책은 교환해드립니다.

이 시집은 용인시 문학창작 지원금을 받아 출판되었습니다.

아르페지오네 소나타

장의순 시집

시인의 말

Jang Uisun

잠들지 않는 영혼의 편린들

늦어 빠르게 가겠다던 걸음이 역시나가 되어
첫 시집 『쥐똥나무』를 내고 어언 10년을 훌쩍 넘겼다.
강산도 변한다는 10년, 너무 바빴느니 게을렀다는 변명은
의미가 없다.
그저 미안할 뿐이다.
'잠들기 전에 몇 마일은 더 가야 한다'는 프로스트의 시구를
떠올리며, 내 생애에 두세 권의 시집은 갖고 싶어
다시금 힘을 내어 본다.
10년만 더 젊었더라면 하는 욕심은 내려 놓았다.
세월은 빠르고 젊음은 욕심이고 성과는 더디지만
문학은 나의 집이고 그 속에서 즐거운 나는 지금이
가장 행복한 때라고 느낀다.

'아르페지오네 소나타'
여기 천재 작곡가 슈베르트의 혼을 빌려 모처럼
세상 나들이에 나선다.
나의 글을 잘 읽어 주실 독자 여러분께 먼저 감사 드리며
긴 세월 고락을 함께한 문우들과 묵묵히 지도해 주신
지연희 교수님께 깊은 감사의 뜻을 전한다.
아울러 성원해 주신 남편에게도 변함없는 사랑을 드린다.

2017년 가을날에
장의순

contents

시인의 말 · 4
작품 해설 | 지연희 · 130
풍자와 깊은 은유의 해학을 넘어

01 — 봄날 시 한수

봄날 詩 한 수 _ 14
버들강아지 _ 15
벚꽃길 _ 16
사나이와 비둘기 _ 17
안갯속 과천저수지 _ 18
늙은 벚나무 _ 19
민들레 _ 20
호박예찬 _ 22
우수 _ 24
애기똥풀꽃 _ 25
아카시 꽃 향기 _ 26
초봄 _ 27
풀꽃 _ 28
식탁 위의 접시 _ 29
세상에서 가장 맛있었던 것들 _ 30
오월을 달린다 _ 31
산수유 _ 32

장의순 시집

여름날 — 02

여름날 _ 36

찰옥수수 _ 37

상현달 _ 38

하현달 _ 39

폐쇄된 미시령휴게소 _ 40

가장 높이 나는 하늘새 _ 41

바람 바람은 _ 42

일몰 1 _ 43

일몰 2 _ 44

초여름 밤 _ 45

열대야 _ 46

방파제 _ 48

천둥과 번개 _ 49

폭염 _ 50

할멈은 춤추고 영감은 장고 치고 _ 51

하늘공원 _ 52

배려와 자위 _ 54

감자의 눈 _ 55

contents

03 — 만추의 거리

만추의 거리 The street in late autumn _ 58

가산의 뒤뜰에서 _ 60

가을이 오는 소리 _ 61

가을바람 _ 62

가을밤 _ 63

늦가을의 풍경 _ 64

세월은 _ 65

무당거미 _ 66

과꽃 _ 68

시작이 반 _ 69

허기져 _ 70

이웃 情 _ 71

초가을 _ 72

세월 _ 73

풀벌레 소리 _ 74

지난 길 _ 75

간 맞추기 _ 76

이 일을 어쩌나 _ 77

장의순 시집

겨울 햇살 — 04

겨울 햇살 _ 80

연탄재 _ 81

윷놀이 _ 82

겨울 벚나무 _ 84

포장용 에어캡 1 _ 86

포장용 에어캡 2 _ 87

묘한 언어들 _ 88

부부 _ 89

지옥과 천국 _ 90

책 선물 _ 91

축복 _ 92

참이면 더욱 좋고 아니라도 좋다 _ 94

자화상 _ 95

나는 _ 96

겨울은 살아있다 _ 98

제라늄 _ 100

에너지 _ 101

contents

05 ── 아르페지오네 소나타

아르페지오네 소나타 _ 104
마리아 칼라스 _ 106
타이스의 명상곡 _ 108
알로하오에 _ 109
봄의 소리 왈츠 _ 110
G선상의 아리아를 들으며 _ 111
한량무=임이조의 춤 _ 112
뻐꾸기 시계 _ 114
소음 _ 116
표정 _ 117
두 개의 천혜향 _ 118
유명하다는 것은 _ 119
행복한 웃음 _ 120
봄바람이 분다 _ 121
이천십사년 사월의 분노 _ 122
뒷동산에 올라 _ 124
김밥 말기 _ 126
바람 비 그리고 詩 _ 127

아르페지오네 소나타 | 장의순 시집

눈부신 봄이 무르익을 때면
꽃 속에 **詩**도 나도 함께 녹아 버렸다.

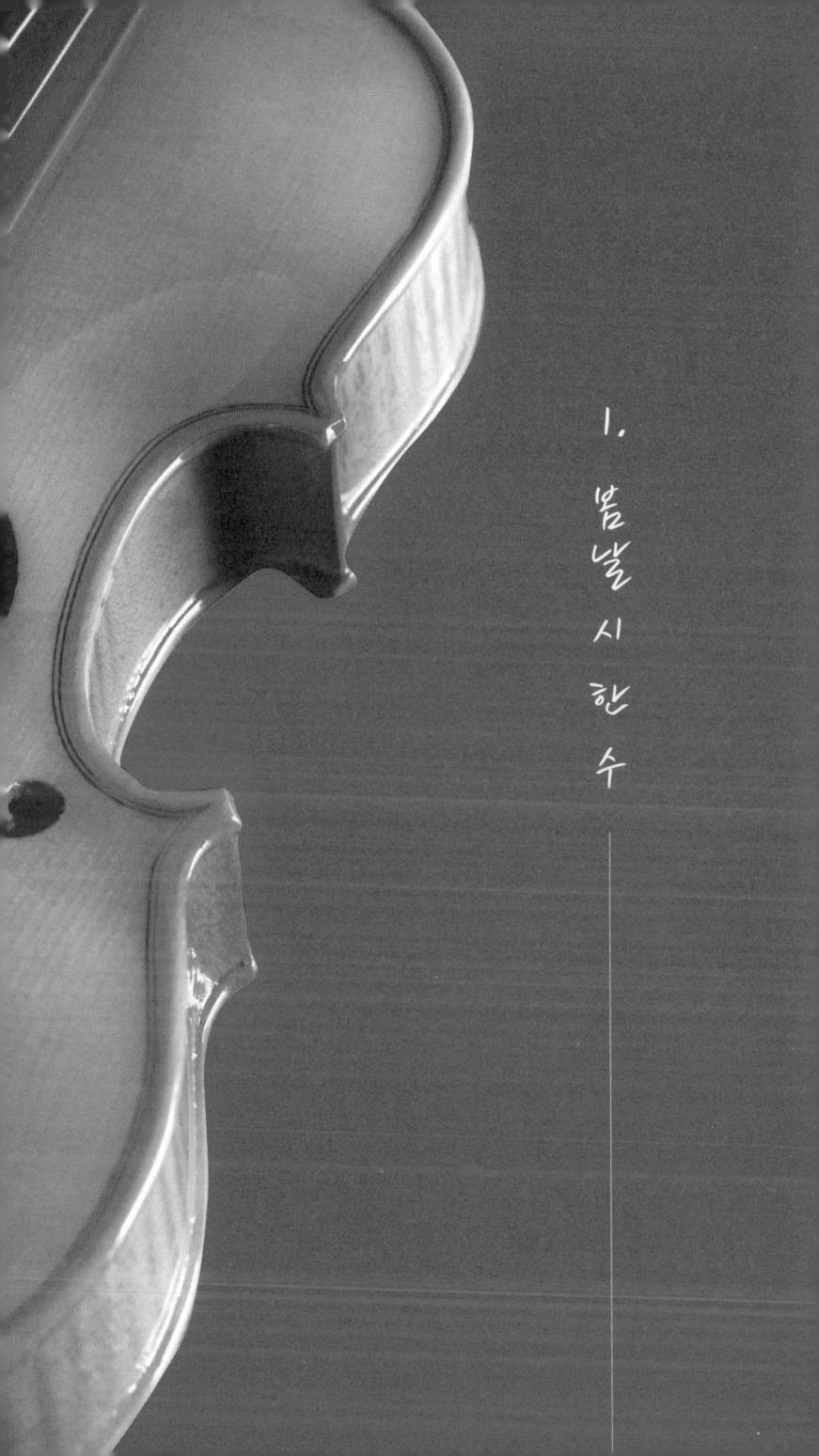

1. 봄날 시 한 수

봄날 詩 한 수

삼월
매일 매일
詩 한 편씩 쓸 것 같은 감성
새싹처럼 새파랗게 돋아난다

사월
나풀나풀
꽃 속에 앉은 나비처럼 행복하여
꽃향기 속에 방향을 잃었다

오월
흐물흐물
눈부신 봄이 무르익을 때면 꽃 속에 詩도 나도 함께 녹아 버렸다.

버들강아지

버들강아지는
봄 벌레다
통통하게 살찐 봄 벌레다

가지가지마다
다닥다닥 붙어서
곰실곰실 간지럽다

졸졸졸
속삭이는
개울물 소리 들으며

오고가는
사람에게
첫 번째 봄을 선물한다

벚꽃길

천지가
화~안하다

하늘거리던
벚꽃
눈처럼 날려

집 앞 보도블록
아스팔트 찻길
산책길에도 꽃길이네

인심 좋은
봄바람아
공중에도 땅바닥에도

연분홍 꽃비늘
동그라미 내 사랑
넓게 멀리멀리 퍼져라

사나이와 비둘기

도시의 빈 공간 나무 벤치에
철 지난 두툼한 회색 잠바에 검은색 츄리닝을 입은 초췌한 사나이, 흰 실내화가 의자 밑에 놓여있다
그가 앉은 자리 옆엔 소주병과 과자봉지가 있고
그는 기도하듯 합장하고 생각에 잠겨있다
포근한 오월의 하늘이 싫었을까 고마웠을까
그가 식사를 하면 비둘기는 까마귀 떼처럼 몰려와서 빙빙 돌며 입맛을 다신다
그중에는 발가락이 벌겋게 뭉개져서 뒤뚱거리는 비둘기도 있다
……

벤치에 누워 눈을 감는다
봄처럼 따스했던 부모형제와 사랑하는 가족과 행복했던 지난날을 그리워함일까
그런 인연의 틀 속에서 빠져나와 이제 아주 자유인이 된 것일까
어제도 오늘도
지난해에도 올해도
자유에는 관성慣性의 독소가 있다

안갯속 과천저수지

호수인가 싶더니 저수지였다
하늘도 땅도
경계를 지워버린 안개는
은회색 실크 천으로 물결을 이루고
고요한 새벽의 여백을 채운다

건너편 하얀 아치형의
긴 다리에 휘감기는 뿌연 기체
가로수 앙상한
메타쉐퀘이어의 허리춤까지 차올랐다

손이 닿는 가장자리엔
봄비에 흠뻑젖은 실버들
가지끝마다 투명한 잔구슬을 달았다

무언가 설레인다
누군가 그립다
이대로 머물고 싶다
열린 한 폭의 수묵화 앞에 이리도 외로워짐은.

늙은 벗나무

중랑천 뚝방
가로수 벗나무

하세월
풍상을 견뎌 온 아름드리 몸뚱이는
고대 그리스 철학자처럼 생겼다

옹이 지고
일그러져도

봄마다
탐스러운 꽃송이 피워올려
미풍에 조용히 흔들린다

쫓기듯
삶에 지친 도시인에게
무한한 희망과 위안을 주는
그 중후한 모습이 한 폭의 예술이다

민들레

잔설이 잦아진 양지에
네 심장의 피돌림이 시작된다
너는 부지런한 봄의 전령
산이나 들이나 마을 길섶 삽살개 조는 댓돌가
깨어진 아스팔트 틈 사이까지
오고 가는 이 발길에 밟혀도
기어이 한 송이 노오란 꽃을 피운다
땅을 물은 튼튼한 뿌리와
납작하게 엎드린 잎은 바람에도 끄떡없다
몸속에 흐르는 피는 씁쓸하지만
네 모습이 스스럼없어
벌과 나비가 쉴 새 없이 찾아든다
그윽한 향기를 지닌 장미야 비웃지 마라
그대는 고슴도치처럼 가시로 무장하고
화려한 몸짓으로 인간을 유혹하지만
그대는 인간에 의해 만들어진 것
여기, 누구도 돌보지 않는 낮은 곳에서
한 뼘 비집은 틈새로 뿌리내리는 토종이 있어
네 노오란 꽃잎은 마음 가난한 이의 길동무라네

산비둘기 소리에 머리가 하얗게 세는 날
바람 타고 세상구경 떠난다

호박예찬

누르스름한 아름호박을 갈라보니
거기
이글거리는 태양의 궁전이 있었네
금은보화 가득 찬 은은한 향기
발그레한 천연의 색채가
나는 해마다 봄이 올 때쯤이면 무엄하게도 태양을 해부한다
멀쩡했던 호박이 흠집이 나고
흙으로 돌아가 부활하겠다고 제 몸을 썩힌다
햇볕 따사로운 둔덕 아래 동그랗게 구덩이 파고 밑거름 넣어 씨앗 심고 사오일 지나면 씨를 물고 귀여운 떡잎 고개 쳐든다
여름 내내 태양을 훔쳐먹고 배불리 황금알을 잉태한다
그 많은 알이 부화하여 사방으로 뻗어 주렁주렁 열매 맺고 청덩이 옥덩이 금덩이 식탁 위에 팔방미인이라
호박은 富의 상징이다
호박꽃

못난 여자의 대명사가 아니라 마음 후덕한 우리의 정서다
 까칠한 미인보다 둥글둥글 모나지 않고
 겉보다 속이 더 아름다워 남편 사랑받아 다산하는 쓸모있는 호박이고 싶다

우수 雨水

칼겨울도 밀려오는 봄기운에 무디어졌다
삼월이 가까우니 길가에 쌓아둔 때 묻은 눈얼음 덩치가 점점 작아진다
개천가의 갯버들도 가지마다 갈색 껍질을 밀고 강아지 솜털을 들어냈다
개울 속의 시커먼 무리의 움직임이 고기떼임을 알고 소스라친다
긴 겨울을 어디서 지냈는지 민첩해진 모습이 경이롭다
봄은 神이 창조한 것 중에 가장 위대하다
신비스런 새 생명의 계절이기에
해마다 이맘때면 내 꿈도 내 글도 잡동사니가 되어 고향들을 달린다

애기똥풀꽃

산책길 양지바른 기슭
참나무 마른 잎 더미 위에 나풀나풀
파란 새잎이 여기저기 돋아났네
무슨 풀이길래 이리도 부지런하단 말인가
한 잎 따보니
줄기에서 샛노랑 진액이 솟아나는 애기똥풀이다
언제 이 동산에 애기들이 올라와서 건강한 똥을 누었을까
봄이 무르익으면 알알이 젖내나는 애기똥풀꽃
샛노랗게 군락을 이루어 일렁거릴 테지

애기똥풀꽃
세상 엄마들은 언듯 눈에 들어오는 환한 색에 정감을 느낀다
'품 안에 자식' 그때가 좋았다고.

아카시 꽃 향기

오월 밤은
어딜 가나 여인의 분 냄새가 난다
어디서 맡아본 후각에 익은 향기
……
어머님이 즐겨 바르시던 코티분 냄새다
 백일 전만 해도 경대 앞에서 뽀얗게 분 바르고 곱게 단장하시던
 어머님
 당신이 죽을병에 걸린 줄도 모르고

아무도 몰랐었네

곱게 차리고 나가시면 십 년도 더 젊어지셨다
마지막 가시던 길은
분장사가 눈화장까지 하여 얼마나 더 예쁘셨는지
아름다워지고 싶은 본능은
구순을 앞둔 어머님한테도 청청히 살아있었다

초봄

눈이 오고
또 눈이 오고
하마나 봄을 기다려도
또 눈이 왔지
백년 만에 많이 내린 눈
길고도 질긴 겨울을 부드럽게 밀어낸 봄은 위대하다
그 눈 속에서도
은근한 햇살은 새싹을 밀어 올리고
여기저기서 연둣빛 잔치를 벌이는구나

보라색 제비꽃
노오란 꽃다지
하이얀 냉이 꽃
여린 꽃들 미풍에도 하늘거려
봄의 정감은 자잘한 풀꽃으로부터 온다
이 작은 생명이 주는 풍요로움이 희망이고 행복이다
그대들은 모두가 神이다
神들의 함성이 온 누리에 퍼진다
와 ~ 하고

풀꽃

관음죽 화분가에
징을 치고 돋아난 이름 모를 풀
원주민을 밀쳐낼 기세다
드디어
흰싸래기 꽃을 피우고
애벌레 같은 열매를 달고 있다

여린 생명
삭막한 겨울을 눈 싱그럽게 해준 그가 고마워
뽑기도 아깝고

작년에도 떨어진 씨앗이 콩나물시루를 만들었겠다

텃밭에 풀을 뽑으시며
'거짓말이다*'라고
인간의 이기를 고백하신 연배 문우님이 세상을 하직하신 지 몇 년이 되었던가

---
* 거짓말이다 : 유원석 시인의 세 번째 시집 제목

식탁 위의 접시

하이얀 접시에 담겨진
붉고 푸르고 노란 색깔의
초대장은 꽃이다

자르르
윤기 도는 따뜻한 음식은
촉촉하게 젖은 눈동자다

살아있는 꽃
살아있는 눈

그들은
선택받기를 원한다
어여삐 보는 자와 소통한다

도공의 혼으로 빚어졌고
인정의 손으로 차려진
식탁 앞에
우리는 달덩이가 된다

세상에서 가장 맛있었던 것들

동네 아이들과 떼 지어
앞산 진달래꽃
입술이 퍼렇도록 따먹었던 일
아버지는 김매고
햇살 따스운 언덕에
살찐 삐삐 찾느라 까만 눈동자 굴렸지
가시 덤불 아래 뾰족이 고개 내민
찔래순 꺾어 먹던 그때가 그리워
밀 이삭 뽑아 껌 만들어 씹고
길섶에 고추냉이 뽑아 먹다 눈물이 찔끔했던 일
목화밭에서 통통한 다래송이 따 먹으면
입안에 금방 달짝지근한 침이 사르르 고여왔지
장독대 뒤에 조롱조롱 맺은 빨강 꽈리속 탱자 가시로 후벼내고 뽀드득 뽀드득 불던 그때가 그리워
논두렁에서 누런 나락 뒤에 숨어있는 메뚜기
잡으려다 논바닥에 처박혔던 일
시냇가에서 깡통을 들고
물고기 잡는 오빠를 쫓아 다녔던 일
할아버지 제삿날에 동생과 나뭇 등우리에 올라가서
춤추고 노래 불렀던 그때로 돌아가고 싶다

오월을 달린다

일곱 명을 실은 렉스튼 차 속
기사 문우님은 고전음악 CD를 많이 갖고 있어
차 속은 달리는 음악실

달팽이집 짊어지고
뱅뱅 돌던 마음도 느슨해져
흐르는 리듬 속에 파묻힌다

차창 밖은 온통
부드러운 오월의 잎새들이 춤을 춘다
아카시 꽃, 이팝나무 꽃이 하얗게 향기를 뿜어내고
애기똥풀꽃, 씀바귀 꽃이 노랗게 언덕을 물들였다

꽃과 음악과 문우님이 있는 곳
이곳이 지상의 낙원이 아닌가 싶다

산수유

입춘이 되도록
마른 나뭇가지에
샛빨간 루비 귀걸이가 조롱조롱 달려있다
바로 그 가지가지 사이에
녹두알같이 단단한 햇 꽃봉오리가 쏘옥쏘옥 눈을
놀라게 하더니, 우리의 마음이 뜸 들일 사이 없이
연노란 꽃송아리 소복소복 피워 올려
은은한 고요 속에 새봄을 꾸민다

그대는
여린 듯 강인하여 꽃샘추위도 아랑곳하지 않았다
여름엔 푸른 열매 잎 숲에 숨기고
가을이면 홍보석 변치 않는 사랑이라
적막한 겨울엔 산새에게 먹이를
인간에겐 따뜻한 정서를 주었다
사계절 쉬임 없이 사랑을 퍼 올리는
그대의 몸둥이는 시꺼멓게 껍질을 벗기운 채 긴
겨울을 난다

산수유

그대는 헌신하는 어머님 모습 같구나

하모니카 소리가 들린다
그대가 있어 한여름이 쫄깃하다

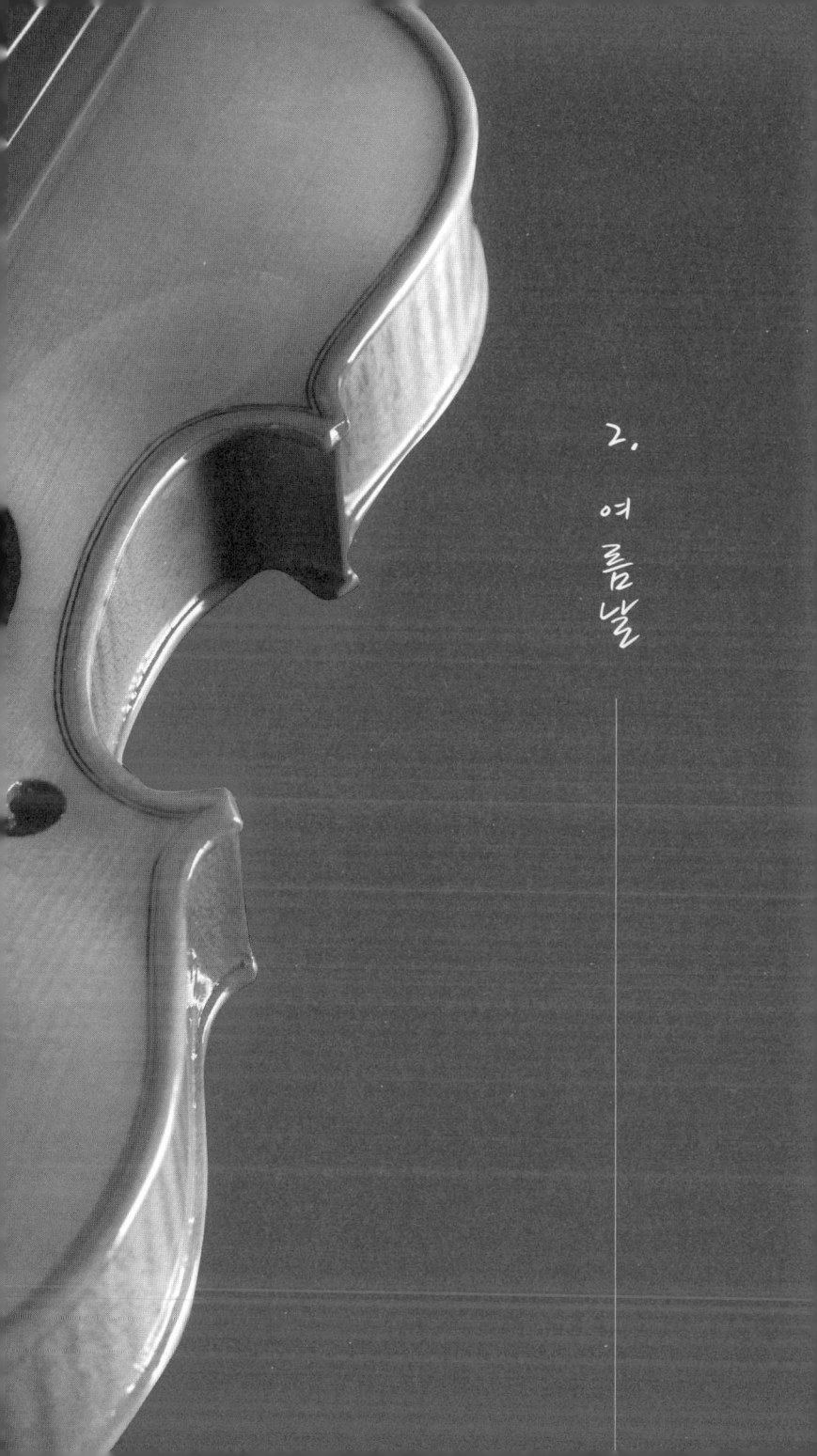

여름날

풍요롭다
뜨거운 태양과
짙푸르게 우거진 계곡의 물소리
화려한 매미의 웃음소리

넉넉하다
내일이 있다고
미루는
게으름의 여유가 있어 행복하다

찰옥수수

곱슬한 파머머리카락을 내어 민
오동통한 여인의 몸매
연둣빛 겉옷을 벗기니
얇은 옥색 속옷으로 겹겹이 무장한
그대는 조선여인의 정조관이다
속살을 감싸고 있는
윤기 흐르는 갈색 머리채는
서양 여인의 것이로다
묘하게 생긴
그대는 어디서 왔는가
한여름의 소낙비
천둥번개 속에서 푸른 칼잎 춤추며
바다 건너 머나먼 인디언의 땅
본향을 그리워했느냐
꽈-악 찬 실한 열매들
이빨이 이빨을 먹는다
하모니카 소리가 들린다
그대가 있어 한여름이 쫄깃하다

상현달

이지러져 가는 너를
본 지가
어제 같은데
어느새 너는
도톰한 입술로 창가에서 웃고 있네

세월이 빠른 걸까
내가 느린 걸까
허겁지겁 너를 쫓아간들
세상이 달라질 게 뭐람

너는 거기에
나는 여기서
우리는 궤도를 달리한 우주 속의 미아다

하현달

타원형의 열아흐렛날의
새벽달이 곤히 잠들은 나를 깨웠다
은은한 달빛에 젖은 나의 육신은
심심한 향으로 절구어 졌을 게다
정월 대보름날에도 만나지 못했고
열엿새날에도
열이렛날에도
....

이 새벽, 게으른 내게도 축복을 주려고
기어이 찾아 왔네
당신은 세상 어둠 밝히느라
제 살 닳구며 하얗게 밤을 새웠지
외로워 마라
내 어머님 모습처럼 야위어가는 당신의 아픔을
나는 알고 있다

폐쇄된 미시령휴게소

꾸불꾸불한 옛길
굽이굽이 돌아
미시령고개 정상 휴게소 입구
닫힌 철망에 '출입금지' 붉은 글씨 가로막는다

눈앞이 목적지인데
먼-길을 달려온 우리 문우님
서로 쳐다보며 말을 잃었다
한때
발 디딜 틈 없었다는 휴게소
뿌연 기운에 휩싸여 유령의 집처럼 음산하다

옛 영화는 끝났는가
따뜻한 음료수가 기다리고 있어야 할 그곳
먼발치로 황망히 바라본다

고개 위로 쉬임 없이 날아오르는
운무雲霧가 유난히 차갑고 매캐하다

가장 높이 나는 하늘새

은빛
줄선을 길게 그으며
음속으로 달리는
하늘 새

태곳적 원시인이
그토록 부러워했을
새의 날개

이제 인간은
큰 새가 되어
오대양 육대주 어디든 간다

그래
우리도 '한 번만 더 날아보자꾸나'* 理想의 날개를 달고

---
* 한 번만 더 날아보자꾸나: 李箱의 단편소설 「날개」 중에서

바람 바람은

너는 나에게
웃음을 주었고
다시 눈물을 주었다

너로 인해
기쁨의 무한한 우주를 알았고
너로 인해
슬픔의 아득한 깊이를 알았다

기쁠 때는
바람 속에서 실컷 웃었고
슬플 때는
바람 속에서 실컷 울었다

웃고
울고
마음속 찌꺼기
다 빠져나가면 평온해졌다

일몰日沒 1

타는 노을 속에
내 붉은 눈물은 허무의 결정체다
이런 시간을 위해
나는 轉落했다고 말한다

어느 시인이
이 순간을 노래할 수 있다면
畵家가 없어도 좋으리
어느 화가가
이 순간을 그릴 수 있다면
詩人 없어도 좋으리

그냥
울고 있는 나는 바보
바보인 것을

일몰日沒 2

싸늘한 냉기가
속살을 파고든다
산책길 엉성한 나뭇가지 위로
벌써 겨울새가 끼익끼익 거리고
서녘 하늘에 비친 기명색 노을은
전설같이 아득히 가버린 소녀시절이 연상된다

그때 하굣길에
천지가 붉게 타는 노을 속에 서서
무어라 형언할 수 없는 전율에
소리 없는 절규가 온 하늘로 번져갔어
이후 그렇게 찬란한 빛을 다시는 볼 수 없었네
……
멍하니 바라보는 눈동자 속에
저문 하늘의 잿빛이 가득히 들어온다

초여름 밤

싸글싸글 싸글싸글
개구리는
어둠 속에 마주 앉아 돌을 간다
매끈하고
반반한 쉼터 만들려고 갈고 또 간다

게걸게걸 게걸게걸
개구리들은 지금
맛있는 것 먹고 있다
어스름 달빛 아래 질척한 무논에서

쥐똥나무 하얀 꽃향기에
초 여름밤이 깊어간다

열대야

와~하는 함성
런던에서 열리고 있는 올림픽의 열기는
오늘 밤의 열대야처럼 뜨겁다
아직 깊은 잠에 빠져있을 꼭두새벽인데도
아파트 창마다 불 밝혀져 있다
우리 선수들이 또 큰일을 해내고 있다
주체국인 영국을 상대로 8강전 축구에서 선제골을 넣었다
장하다 우리 선수들아

우리 선수들이 유럽의 전유물이던 펜싱도 메달 6개를 땄다
금메달 2개, 은메달 1개, 동메달 3개
 오늘은 우리 낭자들이 단체결승전에서 중국과 싸워 은메달을 따낸 날이다
 왜 이럴 때만 표나게 애국심이 꿈틀대는 걸까

 내가 신혼 초기 몬트리올 올림픽 때 '양정모' 선수가 레슬링에서 금메달을 땄을 때의 감격은 평생 잊을 수 없다
 온종일 TV에서 승리의 장면이 나올 때마다 눈물이 줄줄

나왔으니까

  그때를 생각하면 지금의 수두룩한 금메달에 목이 터져라 환호해야 하는데 '히딩크'의 말처럼 '아직도 배고프다'

  그동안 88올림픽도 치렀고, 월드컵도 뜨겁게 4강까지 갔다. 우리의 국력이 얼마나 커졌는가를 조국에 감사할 일이다. 오늘 주체국의 텃세에도 줄기차게 뛰고 뛰어 1:1 연장전도 모자라 피 말리는 승부차기에서 상대의 다섯 번째 꼴을 막았다

  이제 4강으로 간다

  아파트 전체가 들썩인다

방파제

뙤약볕 아래
풍만한
여인의 하반신이
꿈꾸듯
허옇게 일광욕하고 있다

쏴아~
광풍이 불면
몸부림치는 파도를
운명처럼 받아준다

천둥과 번개

굉음
찌릿찌릿 타는 섬광은
산삼 뿌리처럼 땅으로 뻗었다
실뿌리 무수히 내리더니
눈 깜짝할 사이에 사라졌다

굉음
두려워 마라
잠시 죄 많은 인간에게 겁주는
광란하는 神의 불꽃놀이
모두가 하나 되어 겸손해 지리니

원초적 생명을 주는 하늘의 뿌리
목마른 대지를 적셔 주네

폭염

찌는 복더위에
원시인이 된다

허울을
벗고
또 벗고

이성은 마비되어도
내 집이 천국인걸

저녁나절
시원한 바람
휘파람 불어대니
숨죽은 세포가 되살아난 듯 스스로 철이 든다

할멈은 춤추고 영감은 장고 치고

저수지에서
건져왔다는 달팽이 우렁이
플라스틱 병에 담겨져 우리 집에 왔다

어릴 때 고향
추수 끝난 논에서
오빠와 함께 잡아보았던 그 논고동이다
대야에 담가 놓으니
몸이 엉덩이까지 빠져나와
수염을 휘날리며
신명 나게 어우러진 농악 한마당이다

'할멈은 춤추고 영감은 장고 치고
할멈은 춤추고 영감은 장고 치고'

덩덩 덩더쿵
덩덩 덩더쿵
울려오는 옛 가락에 눈을 감는다
내 어찌 너를 잡아먹나 고향으로 돌려줄게

하늘공원

짙푸른 숲으로 둘러쳐져
억새가 하늘을 떠받치고 한강 쪽으로
키 큰 풍차 다섯대 빙글빙글 돈다
서울 시가지가 한눈에 들어오는 '하늘공원'
누가 맨 처음 그 이름을 붙였을까
예술적인 건축미의 붉은 벽돌색의 성산대교
대교로 이어진 강 건너 저편
날쌘 차량의 물결이 폭포수처럼 시원하다
 수도 서울의 잡동사니 쓰레기로 山을 이루었던 곳
난지도*라는 이름으로 천대받았던 쓰레기 매립지,
人間哀歡의 산물 땅속에서 자연으로 돌아가려 숙성하고 있다
 하늘공원이란 날개를 달고 태어난 지 8년 어디선가 잔잔한 고전음악이 부드럽게 어루만진다
 이제 천년만년 축복의 땅이 될지니 300년 후면 옥토가
 될 것이란다
 진초록 산초 열매, 붉은 싸리꽃 이민 온 보라색 클로버도 한

가족이다
맹꽁이 '으응으응으응' 이중창하고
도랑 길섶 풀꽃 위에 호랑나비 날갯짓 한가롭다
야트막한 야산 자락 끝에 월드컵 경기장 지붕
바닷속 거대한 가오리처럼 날개를 편다
오늘 정 깊은 사람과 하늘 오르는 상쾌함
가을날에 다시 오자 한다

---
* 난지도(蘭芝島): 본래는 난과 영지가 많아 이름 붙여진 곳

배려와 자위

오랜만에 만난 친지와 마주 반기며
-더 젊어졌어요

참인지 아닌지
싫지 않은 인삿말

'그래 맞았어' 아직은 젊다고
집 나설 때 거울 속에 비친 자화상을 부정한다

내심
바래버린 서로의 모습에 마음 짠해하면서도
정반대의 말로 情을 나눈다

감자의 눈

올해같이 춥고
긴 겨울
뒷베란다, 박스 속 보온도 없었는데
감자는 변종 도깨비 뿔로 가득하다

척박한 땅
안데스산맥에서 살아나려면 이 정도라야 했을 게다

고랑을 내고 봉긋한 밭둑에 너를 심어야 했는데
타고난 모진 본성이
어진 너의 눈을
칼꿈치로 도려내고 말았구나
얼마나 아팠을까!!!

밤은 깊어가고
귀뚜라미는 눈이 통통 부었다

3. 만주의 거리

만추의 거리

잿빛 하늘 아래
몸부림치는 가로수 나뭇가지
황갈색 잎새 날리며 가을이 가네

질주하는 차들은 낙엽을 몰아가고
발아래 고엽枯葉은
고독한 구르몽*의 영혼처럼 바스락거린다

가난해진
우리의 마음도
마른 잎 되어 차가운 길 위에 뒹군다

---

* 구르몽(Remy de Gourmont, 1858~1915): 프랑스 시인, 소설가, 극작가, 문학평론가

The street in late autumn

Under the ashy sky
the branches of the street trees flounder;
Flapping the tawny leaves, the autumn goes by.

Scudding cars sweep the fallen leaves out
And the dead leaves under our feet
Rustle as lonely as Gourmont*'s spirit.

Our hearts being reduced to poverty
Have become dried leaves
To roll on the bleak street.

---

* Remy de Gourmont(1858~1915): a French poet, novelist, dramatist and literary critic

translated by poet Hae-bok Choi

가산의 뒤뜰에서

　실바람에도 흔들리는 가냘픈 꽃이여 희지도 푸르지도 않는 미묘한 빛깔 한여름 지나 저녁 조수처럼 밀려와 서로 의지하고 곧게 뻗은 촘촘한 밑동은 바알갛게 달아올라 가없는 허생원의 사랑이 배어 있다 메밀꽃 그대
　가산*을 위해 태어났다 님의 넋인 양 내밀內密한 꽃잎 위에 호랑나비 춤을 춘다

---
* 가산(可山) : 이효석의 호

가을이 오는 소리

잠에서 깨어나
열린 창으로 밀려오는
풀벌레의 합창을 듣는다
리듬을 탄 밤의 어둠이
거대한 깃털 구름 덩이가 되어
가벼이 들썩이고 있다
전혀 시끄럽지 않는 大河의 숨결
한갓 미물도 대하의 소리를 만든다

찌는듯한 여름의 열기를
장마와 태풍 속으로 흘려보내고
머지않아 우리는 또 겨울을 준비할 것이다

가을바람

바람이 분다
꺼칠한 탄천변 갯버들 잎도
뽀얗게 무리 진 쑥부쟁이 꽃잎도
뭐라고 말하네

바람은 연인인가
연인은 바람인가
고요한 마음 흔들어놓고 떠나가는
바람
가을바람은

알 수 없는 희열이
알 수 없는 비애가
온몸을 휩싼다

가을밤

쓱, 쓱쓱 쓱, 쓱쓱

섬돌 밑 귀뚜라미는
밤새도록 연애편지 쓴다

그리워
그립다고
너무 멀어 못간다고

쓱, 쓱쓱 쓱, 쓱쓱

다시 쓰고
다시 읽고
지우고
다시 쓰고

밤은 깊어가고
귀뚜라미는 눈이 퉁퉁 부었다

늦가을의 풍경

아파트 단지를 둘러싼
산책길
황갈색 낙엽이 어지럽다

길 위의 마음도 허허로워
빈 가슴에
담으려는 애틋한 정을
경비 아저씨는
연신 쓰레받기에 쓸어 담는다

낙엽인들 잎이 아니랴 쓸어 무삼하리오*
옛 시인의 시구(詩句)가 연상된다

---

* 원문: 낙화인들 꽃이 아니랴 쓸어 무삼하리오

세월은

옷깃을 여미도록 서늘하다
덥다고 투덜거리던 때가
어제인 듯한데
따뜻함이 그리운 계절이다

세월은
거꾸로 거스르는 게 아니라
강물처럼 흘려보내고

우리는
비 온 뒤의 물고기처럼
거슬러 거슬러 오른다
그곳이 어딘지도 모르고

무당거미

   황갈색 가을이 가득 찬
   산책길
   마른 아카시 나무와 술 취한 듯 붉은 영산홍잎에 걸쳐져
   큰 집 지은 살찐 무당거미
   먹이를 잔뜩 잡아 사방에 감아놓고 한가운데 버티고 있다

   볼록한 검은 배와
   엉덩이를 휘감은 줄무늬는 노랑과 회색이고
   부푼 아랫배는 핏빛 모자이크다
   긴 발은 검은 바탕에 노랑 선이 점점이 박혀
   너는 페르시아의 비단으로 치장했구나

   욕심꾸러기 무당거미
   굿이나 한판 벌려볼까

마른 잎을 거미줄에 여러 번 흩뿌렸다
반응이 없다
제법 큰 마른나뭇가지를 집어던져 집을 망쳐버렸다
거미는 도망갔다
날은 저물고 쓸쓸해진다 나는 왜 한갓 미물에게나 힘을 쓰는지 알 수 없는 일이다

과꽃

진하게 붉지도 아니한
수더분한 아지매 같은 꽃
무리 져 흔들리는 꽃잎 위로 꿀벌들이 윙윙거리고
호랑나비와 흰꼬마나비도 쉬임없이 분분한 걸 보니
인심 좋은 아지매꽃이 분명하다
자잘한 꽃잎으로 둘러싸인 중심엔
푸지게 샛노랑 꽃방석에 꿀벌들이 머리를 처박고 있다

폭염에 시달렸던 지난여름
한더위가 물러간 자리에 피어난
과꽃
마음에 평화가 찾아온 듯하다

시작이 반

꿀 같은 주말이 지나고
투쟁한 월요일도 밤이 되었으니
오늘도 다 간 셈

봄이 시작된 게 엊그제 같은데
벌써 가을인 것처럼
나의 삶도 반을 훌쩍 넘겨 가을이다

긴- 날 같았지만 짧게만 느껴지는
지금도
내가 무얼 하고 있는지를 몰라
어차피 태어날 때 시작이 반이 아니었던가
세월에 매달릴 수도 없고
세월을 재촉할 이유도 없지

허기져

늦가을 오후 다섯 시
맞은편 고층 아파트 옥탑 위에
댕그러니 떠 있는
바알간 노른자위 먹고 싶다

시시각각으로
구름 속에 잠겨지는
해의 유희
눈부시지 않는
동그란 너의 모습 다시 보고파
기다려도 기다려도 나타나지 않네

내일이면 또 뜨겠지
그러나
그 내일은 지금의 내가 아닐 수도 있어
우리의 인생도 구름 속에서 숨박꼭질 하는 해와 같으니

이웃 情

우~릴 줄려고
통통하게 살찐 알밤만 골랐나 보다
알알이 싱싱하여 뽀족이 젖꼭지를 내밀었다

시루에 얹어 김을 올리니
얇은 까풀이 잘도 익어
깨물어 하얀 속살을 파먹으니
포실한 밤 향기가 이리도 좋은 줄 몰랐네

자연은 부지런한 사람의 몫

이웃 부부가 아침 일찍 산에 가서 주운 햇밤
이 밤을 주우려 부부는 풀숲에서 얼마나 까만 눈알을 굴렸을까

가을바람 선선한데
그대들의 따스한 사랑에
얇은 내 손등에도 살이 오른다

초가을

매미 소리 그치고
여름은 갔다

지난밤
폭풍우 몰아치던 하늘가엔
흰 구름이 고요하다

그래도 짙푸른 여름이 좋았는데

황야에
내 던져진 미아처럼
쓸 쓸 해 진 다

어디로 가고 있는지
흐르는 구름처럼
나두야
분명 어디로 가고 있는데

세월

어느새
바람처럼
휙휙 휙익 날고

어느새
강물처럼
굽이 굽이 돌아서

어느새
꿈결처럼
아물 아물 지나네

풀벌레 소리

구월의 밤
풀벌레 소리
고물 고물 고물 고물
정이 그립다고
~ ~ ~ ~ ~

밤은 깊어가고
밤이슬 차갑다고
~ ~ ~ ~ ~
정든 님 안 온다고
꼬물 꼬물 꼬물 꼬물

어둠 속 눈 아래 발아래가
온통 풀벌레 소리 마당이다
마음이 평온해지는 이 자연의 소리
~ ~ ~ ~ ~
고물 꼬물 고물 꼬물

지난 길

길 위에 길

앞이 훤히 트이거나
강줄기처럼
꾸불꾸불 하기도 했다

그 길 위에
쾌지나칭칭
춤추며 지나는 사람
어이어이
무너져 목메어 우는 사람

긴 세월
기쁨과 슬픔이
켜켜이 쌓여
단단하게 간이 밴
그 길은
情과 情으로 다져진 개척자의 전설이다

간 맞추기

음식 맛은 간으로 결정된다
짜다
싱겁다
늘 하는 일이지만
간 맞추기가 어려워

사람의 됨됨이도
간이 맞으면 좋으련만
타고난 개성과 취향이 있어

이성적인 차가운 사람
남을 즐겁게 하는 헐렁한 사람
다 제 몫을 할 때가 있다
모두가 똑같으면 무슨 재미

이 일을 어쩌나

어디서 몰래 왔을까
흙만 담긴 빈 화분에
씨앗을 물은 예쁜 호박 떡잎이 쏘옥 목을 길게 빼었다
며칠 지나니 큰 잎이 다섯 장이나 손바닥만 하다
고사리손도 내민다
이 일을 어쩌나
살기 좋은 곳으로 이민이라도 보냈으면 좋으련만
늦은 감이 든다
……
거름 주고 햇빛만 흠뻑 먹으면 잘 자랄 것 같다
빨래 건조대와 베란다를 통째로 내줘야 할 판이니
이 일을 어쩌나
아무것도 모르고 호박잎은 창가에서 춤만 춘다

내 머리 위에서
따습게 비추이는
저, 태양이 하느님이지

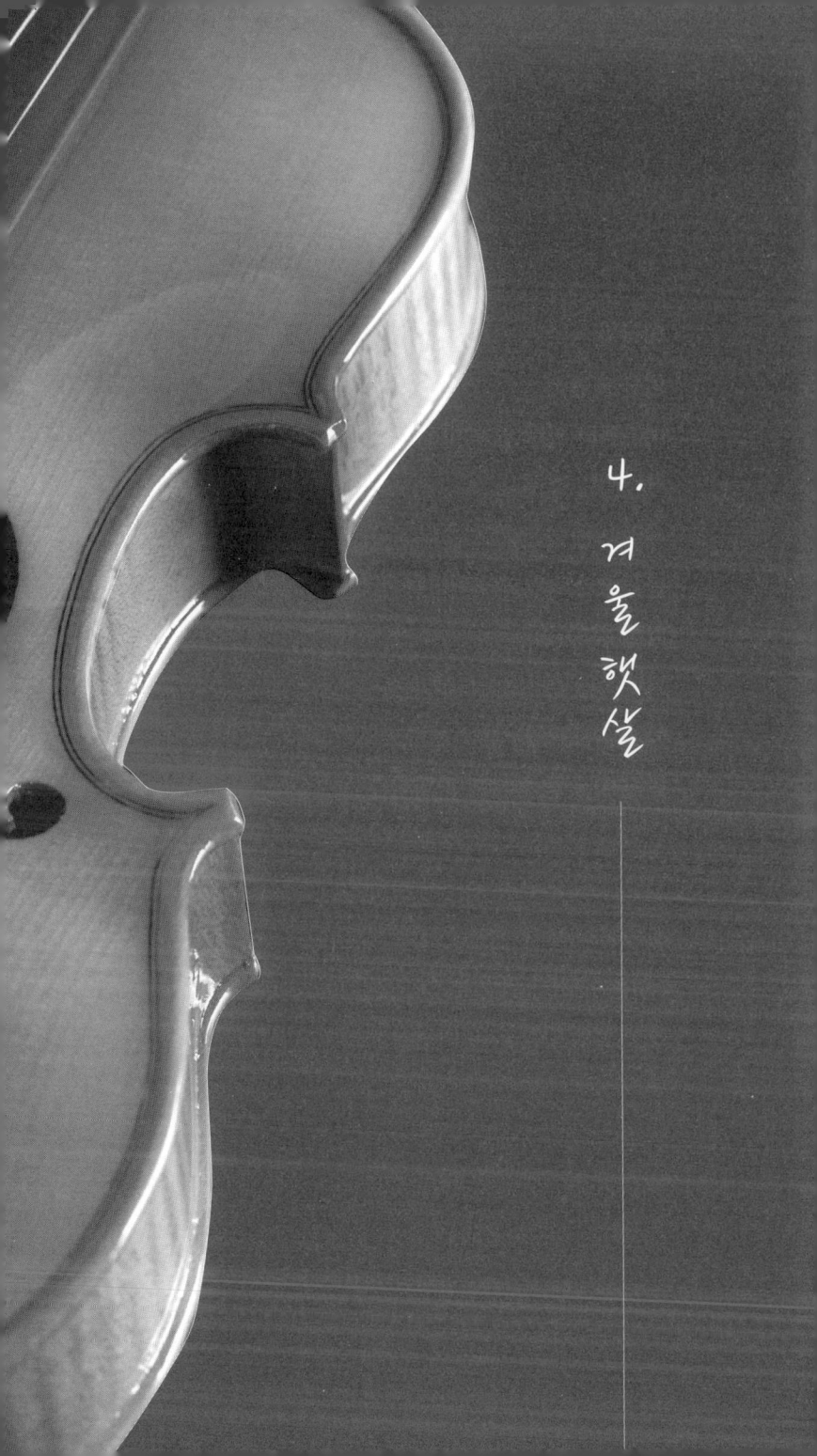

4. 겨울 햇살

겨울 햇살

햇살이
겨울 햇살이
비스듬히 거실 깊게 비췬다

베란다엔
분홍색과 빨강색의 제라늄이
다투며 피어나고
되살아난 말라깽이 카네숀도
아무도 모르게
한 송이 꽃을 빨갛게 피워냈다

모두가 나가버린
조용한 공간
오후 4시의 긴 그림자
나는 서부 영화 속의 미인이 되어
내 멋진 몸매에 눈이 자꾸 간다

연탄재

어두운 탄광에서
망치로 맞고 끌로 할퀴고
끌려 나와 수없이 맞고 연탄이 되었다

어느 서민의 집
차가운 아궁이에서
활활 불꽃을 태웠다

그대는 붉은 피 빠져버린
창백한 戰死者의 표상
기어히 값진 소명을 다하였다

이제 비바람 맞고 대지의 흙이 되리
눈부신 햇살 속에
새 생명을 보듬고
초록으로 초록으로 부활할 것이요

윷놀이

윷판 속에 인생이 있다
열십자로 팽팽히 물린 사각의 길 위에
도 개 걸 윷 모
유유히 한 바퀴를 돌아가는 여정과 반으로 질러가고 또 질러가는 축지법도 있다
그러나 살아가는 길은 어느 방향도 순탄하지 않다
각기 다른 두 색깔의 말들은 서로 맹수가 되어 잡히고 잡아먹고

도 개 걸 윷 모
잡는 맛은 짜릿하나
쫓길 때는 무섭지 않은 놈이 없다
앗~차
시끌벅적 탄성이 터지고
앞서거니 뒤서거니
아슬아슬한 곡예 끝에 사선을 넘을 때의 기쁨은 크다
우리의 인생도 윷말의 곡예와도 같다

지난날을 돌아보면 스쳐 지나간 찰나刹那의 행운들
아서라 내가 神이더냐
인생에 완벽이란 또 얼마나 큰 모순이더냐
실수의 연속이었지만
아무도 대신할 수 없었던 나의 길
소중한 생명의 연속이었기에 오늘도 힘차게 포효한다

겨울 벗나무

아파트 관리실 2층
헬스장 창문 앞에 서 있는
겨울 벗나무
가지가지는
오골계 다리처럼 꺼멓게 벗어 버렸다

터질 듯 벙글은 꽃봉오리
올록볼록하던 때가 엊그제였는데

꽃구름 날리며 봄은 가고
초록물이 뚝뚝 떨어지던 여름 가고
가을바람 떠나는 그대 발길에
붉은 사랑 포근히 깔아 주었지

이제 응달진 곳에서 차가운 바람
긴 겨울을 견뎌야 한다네

고층 아파트 숲과

헬스장에서 들려오는 인간사
흥겹다는 건지 시끄럽다는 건지
오골계 다리 이따금씩 흔들거린다

포장용 에어캡 1

사람들은
날더러 뽁뽁이라고 하지
소중한 물건을 보호했던 죄 밖에 없는데
오늘
하릴없는 아줌마를 만나 봉변을 당한다

뽁 뽁 뽀드득
잔인하도록 터지고 깨지고
보드랍고 탱탱했던 나의 육신은 누더기가 된다

그러나
그녀의 손끝으로
나의 생명은 다시 태어난다
감금되었던 희뿌연 껍질을 벗어나
투명한 대기 속으로 스며들다

우주를 정복한 그녀의 얼굴엔 웃음이 가득하다

포장용 에어캡 2

무료한 날
공짜로 찾아온
포장용 에어캡

그냥 주저앉아 엄지와 검지가 즐기는
안달 나는 유희는 속도를 더한다

뽁 뽁 뽀드드득
캄캄한 밤하늘이 아니어도
투명하게 날아가는 생명의 불꽃
촉감이 누리는 소리의 쾌감은 황홀하다

무공해 폭죽 터트리기
망중유한忙中有閑이라
만만한 분탕질의 포만감
때로는 어른 아이의 엄마에게도 장난감이 필요했구나

묘한 언어들

차라리
하필이면
두 시제(詩題)를 들고 보니
흘러간 유행가 생각난다

차라리와
하필이라면

현실을 외면하고 다시 선택하는
두 얼굴의 언어가 닮았다

이런 언어들을 무소속이라 말하고 싶다

궁색할 때
적당히 붙이면 어색하지 않고 통하기 때문이다

부부

수많은 날을 한 지붕 아래서
같은 음식을 먹고
서로 덮어주고
악몽을 깨워주고
체취와 숨소리 함께 맡으며
정들어버렸네

情이란 사랑보다도 진한 것
情이란 사랑보다도 아픈 것
때로는 원수같이 싸우면서
개울 속의 조약돌처럼
둥글게 둥글게 닳아버렸다

이제 서로를 걱정하고
인생의 긴 호흡을 가다듬어가는
그대와 나의 만남이 운명이라면
운명이란 말이 비극 같아서 싫다
세상에서 가장 편안한 사람과
요만큼의 행복이라도 허락한 神에게 감사한다

지옥과 천국

지옥이 따로 없네
천둥과 번개가 난무하는 밤이
무서워

천국이 따로 없네
천둥과 번개가 지난 고요한 어둠이
행복이요

여명이 오고
일상으로 돌아오니
간밤의 지옥과 천국도 찰나刹那이더라

책 선물

이십 년 전에 손때 묻은 음악책을
이사 오면서 함께한 이웃에게 선물하였다
그리고 까맣게 잊어버렸다

임자를 만난 새 주인은
지금도 내가 준 책으로 피아노를 친다고 한다
소중한 사람에게 소중한 선물을 했구나

그녀와 나는 긴 세월을 소식도 없이 지냈지만
오늘 전화 속의 목소리로
우리의 情이 교감하고 있음을 확인했다

인생에서
만나고 헤어질 때
한 권의 책 선물은 영혼과의 결속이다

축복

8차선 도로변
하늘을 향한
아름드리 무성한 플라타너스

수십 년 그 자리를 지킨 너는
지나가는 사람의 속마음까지도
들여다보는 慧眼을 갖고 있을 게다
자연은 詩고 자연은 神이기도 하다
인간을 기쁘게도 하고 때로는 슬프게도 하지

貴人에게 칭찬을 받은
오늘은 기쁜 날
시인은 기분에 영감을 얻는다
내 글을 잘 읽어준 그대에게 축복을

가을바람 불어
흙먼지 매연을 마시며
마을버스를 기다리는 나의 자존심도

오늘만은 당당해진다
늠름한 너의 모습처럼

참이면 더욱 좋고 아니라도 좋다

사람들이 날 보고 자꾸 예뻐진다는데
참인지 아닌지
집에 가면 거울부터 볼 일이다
내가 언제는 그렇게도 박색이었던가
묘하고 혼란스럽다
세월 먹어 기울어져 가는 내 모습을 자꾸 예쁘다 하니
情 때문일꺼야
情같이 인간의 허물을 용해시킬수 있는 것은 지구상엔 없어
'사랑하는 사람의 눈에 돋아난 다래끼도 진주알같이 보인다'는 세르반테스*의 말을 음미해 본다
그래 나도 남만큼은 잘났어
세상 사람들은 다 제 잘난 맛에 살아가는 것
그 자존의 힘은 위대하다
삶에 원동력이 되고 참 의미가 된다
거울을 가까이하자
그리고 곱게 단장하고 쌩긋 웃어도 보자

---

* 세르반테스(Miguel de Cervantes, 1547~1616): 스페인 작가

자화상

너를 안다
너를 아는 것만큼
너를 알지는 못한다

웃고 있다
웃는 것만큼
너는 울고 있었다

울고 있다
우는 것만큼
너는 웃고 있었다

그것은
헝클어진 열망의 냉소다

나는

봄 여름 가을 겨울
철마다 좋으니
지조없는 여자
봄은 지천으로 핀 현란한 꽃이 좋아
여름은 진초록 무성한 녹원이 좋아
가을은 비올롱의 가락 같은 낙엽 떨림이 좋다
겨울은 하얀 눈이 가슴속 헤픈 열정을 알뜰히 갈무리해주어 좋다

봄 여름 가을 겨울
철철이 좋으니
개성 없는 여자
계절마다 불어오는 바람의 색깔과 향이 달라서 좋다
높새바람 하늬바람 억새바람 눈바람
평화와 활기와 정열과 순수가

그리고

바람처럼 스쳐 지나가는 시간들
심호흡으로 자연에 순응하며 감사한다

겨울은 살아 있다

산책길섶에
파란 들풀들이 엎드려있다
망초 달맞이 꽃잔듸
잎은 얼어도 뿌리는 살아있다
잎은 죽어도 씨앗은 살아있다

시린 하늘에 작은새 비비적 그리고
갈참나무 서걱이며 바람노래 부르네
'나는야 봄이 올 때까지 옷을 벗지 않을꺼야' 라고

찬 바람에
가지는 얼어도 겨울 순(筍)은 살아있다
쥐똥나무 철쭉 회양나무 개나리도 죽은척한다

어젯밤으로
긴 동지가 지났으니
오늘부터
해는 한 땀 한 땀 길어지고 봄은 야금야금 오겠네

햇빛은 언 땅속까지 스며들어
여린 생명을 보호하고
새봄 준비를 하고 있겠지
오늘도 나는
옷깃을 여미고 잠든 대지를 걷는다

제라늄

빨간과 분홍 색깔의
제라늄이
베란다 창가에서 겨울 내내 다투어 핀다
아무도 손봐주지 않아
겨울 먼지를 뒤집어쓰고도 끈기 있게 피고 있다

어쩌다
물 한 모금 얻어먹고
송알송알한 꽃송이를 한참 피우고
시들해지면
또 옆구리에서 꽃대가 쏘옥 올라온다
향기는 별로지만
귀여운 꽃송아리가 정겹다

그는 처음
늦가을 찬바람에 아파트 출입구에서 온몸에 페인트를 뒤집어쓰고 있었다
그와 우리가 이 집에 함께 이사 온 지 2년이 넘었다
報恩이라도 하듯 사계절을 쉬임 없이 꽃피운다

에너지

누가
하느님을 본 사람이 있는가

나는 보았네
날마다
지금도

내 머리 위에서
따습게 비추이는
저, 태양이 하느님이지

밤이면 좋겠네
달밤이면 더욱 좋겠네

5. 아르페지오네 소나타

아르페지오네 소나타

당신으로 인해 영원히 추억될
이제는 세상에 존재하지 않는 악기
당신이 아니었으면
어찌 아르페지오네[1]의 이름이
지금 인간의 기록 속에 또렷이 남아 있을까

나는 아르페지오네
세상에 태어나 짧은 생애를 마친
고만고만한 현악기였지
억겁의 인연 속에서
고작 31년을 살다간
천재 슈베르트를 만난 것은 참으로 행운이었어

아르페지오네 소나타[2]
 생명의 소리를 만들어준 匠人의 魂이 위로받을 것이요
 낙엽 휘날리는 가을날
 감미롭고 중후한 저음 악기의 선율에는

낭만과 우수와 비애가 묻어있는 당신의 예술혼이
나의 목소리로 오롯이 담겨져 있네요

---
1) 아르페지오네: 19세기 초에 쓰인 첼로와 비올라의 중간 현악기
2) 아르페지오네 소나타: 슈베르트가 작곡한 소나타

마리아 칼라스

쌓인 권태를
훌훌 날리는 카리스마의 목소리
그녀의 열정은
불꽃을 내어뿜는 활화산이다
누가 이 여인의 목숨을 축내었나
검은 머리에 눈 코 입이 시원스런 글래머
장엄한 오케스트라의 연주속에서도
그녀의 음색은 예리한 칼로 영혼을 저민다
인간 악기의 소프라노
아직도 한참 꽃피울 전성기에 사랑에 빠져
무대를 떠난 그녀의 행복은 오래가지 못한다

한때 예술을 향한 자긍심이
독선과 오만으로 하늘에 닿았던 그녀
타고난 쇳소리의 악조건을 극복하였고
비둔한 육체를 단번에 벗어버리고 매력적인 여인으로 변신한 그녀도
때가 되면 떠나가는 사랑의 속성을 몰랐다

노래에 살고 사랑에 살고*

사랑 때문에 외롭게 죽어간

프리마돈나 마리아 칼라스를 추억한다

---

* 노래에 살고 사랑에 살고: 푸치니의 오페라 토스카 중에 아리아

타이스의 명상곡

비단 너울이
몸에서 흘러내리는
바이올린의 선율

외로움
내 푸른 날에도 외로웠는데
아직도 달라진 게 없다
고독한 행복

그렇다
타이스*는 사치와 방탕으로 얼룩진 인생에서
수도사를 만나 회개하고
神 앞에서 고독해진다
神 앞에서 행복해진다

지금
이 심묘한 음악 속에서
시공을 초월한 인간이고 싶다

---

* 타이스: 아나톨 프랑스의 원작으로 마스네가 오페라로 작곡하였다

알로하오에

수평선에서 해가 뜨고
수평선으로 해가 지는 곳
물속에 뛰어들면 푸른 물이 살갗에 물들 것 같은
투명한 에메랄드빛 바다
사나운 광풍이 불어와도
바닷속 산호초들이 거친 풍랑을 잡아준단다

눈부신 모래 사장 위로
밀려오는 하얀 파도 파도
해변에는 키 큰 야자수가 유연하게 건들건들한다
사계절 눈 닿는 곳마다 꽃이 피어있는 지상의 낙원
수많은 관광객으로 북적이는 하와이는 이제 고도孤島가
아니다

그러나 어찌하리
알로하오에, 알로하오에*
하와이언 기타의 리듬 속에
사라진 왕국의 슬픈 역사가 전설처럼 출렁인다

---
* 알로하오에: '그대여 안녕'이란 뜻으로 하와이 마지막 여왕 '퀸 릴리 우오칼라니'가 작사·작곡하였다.

봄의 소리 왈츠

입춘이 오면
FM 라디오에서 콩나물들이 춤을 추며 떠다닌다
봄의 들녘을
하 하 하
머리카락 날리며 옷자락 펄럭이며
먼 데서 가까이로 가까이서 멀리로

내 기억의 맨 밑바닥
흙 내음 아련히 풍기는 고향이 있었다
도란도란 내 부모형제 모여 살았던 곳
바람은 차갑지만 햇살은 따뜻했어
옷섶을 여미도 마음은 솜사탕
가난했지만 그때가 더 행복했다

땅과 하늘을 오르내리는
환희의 목소리
하 하 하
새로운 순환은 봄의 소리 왈츠*에서 시작된다

---

* 봄의 소리 왈츠: 요한 스트라우스 작곡

G 선상의 아리아*를 들으며

밤이면 좋겠네
달밤이면 더욱 좋겠네
사랑하는 사람끼리라면 더더욱 좋겠네

낮이면 어떠리
골방이면 어떠하리
혼자라서 더더욱 좋으네

기쁠 때는 고요를
슬플 때는 위안을

고운 빛으로
어루만져 주는 그대
마음은 어느새 천사가 되어 비단 구름 속을 헤매이네

---
* G 선상의 아리아: 독일 작곡가 바흐(1685~1705) 작곡

한량무閑良舞=임이조의 춤

양반갓을 쓰고
흰도포 위에 연갈색 긴 쾌자를 단정히 입은
한량

난蘭이 그려진 부채를 폈다 접었다
미소를 가득 머금은
홍안의 얼굴은 신비스럽도록 어여쁘다

피리와 장구가 어우러진
몽환적 우리가락에 맞추어
물 흐르듯 돌아가는 허리선이며
힘차게 허공을 나르는 옷자락은 곤충의 날개처럼
가볍다

가늘게 들썩이는
어깨선과 손가락의 움직임
살며시 들어 올린 하이얀 버선코는
예술의 극치를 보는듯한 발놀림이다

한량무 閑良舞

남성의 여유와 멋이 어우러진 춤사위에
잠시 넋을 잃고 꿈속을 헤매인 듯하다

뻐꾸기 시계

우리 집엔 15년 된 뻐꾸기 벽시계가 있다
시간마다 뻐꾸기가 나와 시간을 알려준다
물레방아가 돌아가는 정원에서 고풍스러운 드레스와 턱시도를 입은 젊은 연인 한 쌍이
포스터의 '꿈길에서' 곡조에 맞추어 춤추곤 했다
우리는 세상에서 가장 아름다운 시계라 여겼다
며칠을 듣다 보니 너무 시끄러웠다
댄스를 중지시켰다
한참 지나니 뻐꾸기 소리도 시끄러웠다
눈치챈 뻐꾸기는 어느 날부터 나오질 않았다
그리고 많은 세월이 흘렀다
요즘 잊어버렸던 뻐꾸기가 이따금씩 나와서 노래 부른다
왠지 싫지 않고 오히려 미안하다
닫힌 새장이 얼마나 답답했길래
뻐꾸기야 내가 15년 전으로 돌아갈 수만 있다면
신도시 새집에 이사 와서 떠들썩했던 그때로 돌아갈 수만 있다면.

뻐꾸기야 날개도 닦아 주고 먹이도 많이 줄게 우리 다시 함께 노래하고 춤을 추자꾸나

소음

고층 아파트
새벽 다섯시
부엌 쪽으로 난 창문을 여니
와락 달려드는 굉음

저기, 고속도로 위를
분분히 나르는
별난 유성의 불빛들이
새벽의 고요를 흩트려 놓는다

밤이면
더욱 또렷해지는
소리의 성향

우리는 날마다
소음騷音을 먹고
가슴엔 알 수 없는 삶의 날을 세운다

표정

뿌연 겨울 유리창에
손톱으로 사람 얼굴 그려본다

^^ 새처럼 날아라 산처럼 솟아라
V 좋아 너무 좋아 가라 앉는다

^^
^ 에이, 심술이 났어

V V
 v 웃는지 자는지 평온하구나

A, 뛰어오른 성적순이 행복의 조건은 아니라고
V, 승리만이 행복의 전부는 더더욱 아니라고

올랐다 내려가고
내렸다 올라가고
그곳에 따스한 봄바람 일고 쌩한 겨울바람도 상
쾌하더라

두 개의 천혜향

음 ~ 맛있어
이렇게 달콤하고 맛있는 밀감은 처음이야
눈으로 보는 황금색 고운 빛깔과
먹어서 느끼는 깊은 향기는
이름 그대로 천혜향이라

우리 문우님들을 먹이려고
무겁게 들고 온 정성을 생각하면
가슴이 뜨거워진다
나 또한 혼자 먹기 아까워서
슬그머니 내 몫을 챙겨
가방 속에 넣어 온 과일
참사랑은 묘하게도 연속성을 갖는다

천혜향 天惠香
예술의 경지로 끌어올린
예술가의 손맛을 보면서
우리 또한 예술적 문우애를 갖는다

유명하다는 것은

유명하다는 것은

어쩐지

속된 의미가 내재되어있다

속된 것에

많은 사람이 공감하고

열광하는 까닭은

무형의 진솔이

그 속에 녹아 있다는 뜻일 게다

그렇다면

예술가는

우리의 삶을 풍요롭게 하는 격조높은 俗人일까?

행복한 웃음

휠체어에 실린
그녀의 성치 못한 손을 살며시 잡아본다
갓난이의 천진스러운 웃음이 강의실 공기를 찢는다
형언할 수 없는 기쁨이 온몸으로 출렁인다

얼마나 情이 그리웠을까
용서해다오 천사여

우리는 왜 더 일찍이
너에게로 다가서지 못했던가
언제 너처럼
우리도 부자유한 육체가 될지 모를진데
이제 그대는 차라리 자유스럽네
누구도 그대처럼 행복한 웃음을 웃을 수는 없다네

봄바람이 분다

햇살은 따뜻하고
바람은 허공에서
허휘허휘 부대낀다

불현듯 어머니가 그립다

봄이 오듯
일 년에 한 번만이라도
찾아와 만나 볼 수 있다면

아~ 살았어도
백살이 넘으셨네
노처녀로 어머니 속만 태우게 했던
불효자의 탄식

살았어도 백살이 넘으셨네

이천십사년 사월의 분노

입이 있어도 말할 수 없다
귀한 젊은 생명들이여
피지도 못하고 산채로 수장돼 버린

이 땅에 태어난 것이 죄이드냐
우리 모두
죄인이 되어 고개 숙인다

탐욕에만 눈이 밝아
양심은 시궁창에 던져버린
이 악마들의 모든 재산을 이 잡듯이 찾아내어 알거지를 만들어야 한다

양의 탈을 쓴 악마들
'눈에는 눈 이에는 이'로
함무라비 법전*이 이리도 부러울 수가

오늘은 아름다움을 노래하는 시인이 아니라 악마를 저주하는 불행한 입술이고 싶다

* 함무라비 법전: 기원전 1700년경 바빌로니아 왕 함무라비 법전(同害報復刑)으로 나라를 다스림

뒷동산에 올라

꺼무스름한 나목들을 양쪽으로 끼고 꾸불한 산길을 간다
우수 지난 산길은 귓볼 따갑던 바람도 순해지고
응달진 얼음길도 자갈이 드러났다

지난가을 산길에 쌓였던 낙엽의 잔해들은
진토盡土가 되고 남아있는 섬유질은 시큰한 발목을 보듬어 준다
마른 누더기 옷을 걸친 갈참나무는 봄이 올때까지 쉬임없이 바람노래 부르고
그 山바람은 누적된 피로와 권태를 앗아간다

파아란 하늘에 햇빛은 나뭇가지 사이로 깊게 내려와 앉았다
비비비비- 산새소리
산은 나무가 있어 좋고 바람이 있어 좋고 산새가 있어 좋다
봄 여름 가을 겨울 계절마다 산은 그 특유의 몸짓

으로 열정과 명상을
 알 수 없는 그리움을 안겨준다
 그리움은 꿈이다
 우리는 꿈을 꾸면서 살아간다
 설령 아직도 이루지 못했을지라도 꿈은 진행형이다

 산길에서 처음 만나는 사람끼리도
 '안녕하세요'
 '네, 안녕하세요'
 주고받는 말 한마디가 산속 공기처럼 청량하다
 까닭 없이 기분 좋아 고개를 끄득이며 흥얼거려도 아무도 이상하게 보는 이도 없다

 소나무 비탈길은 뿌리가 얼기설기 손 내밀어 하산길도 도와준다
 인생이 무료할 때면 뒷동산에 올라보자.

김밥 말기

재료가 있는 대로 김밥을 말다

단무지
오이
어묵
계란지단

당근이 빠진 김밥은 눈이 없다

그렇다
빨간색은 색의 왕이다
킹이 아닌 퀸이다

인간사 퀸이 없는 예술은 죽음과도 같다

그래도
아이들은 맛있다 한다

바람 비 그리고 詩

1.

바람이 불면
누군가 그립다
비바람이 불면 더욱 그립다

허이 허이
나를 찾아오는 幻影에
눈과 귀는 창밖에 꽂혀있다

2.

바람이 불면
詩를 쓰고 싶다
비바람이 불면 더욱 쓰고 싶다

새록새록
걸작이 나올 것 같은 실루엣 그림자
애꿎은 시간만 붙잡고 있다

바람이 불면
詩를 쓰고싶다
비바람이 불면 더욱 쓰고싶다

작품해설

풍자와 깊은 은유의 해학을 넘어

지연희(시인, 수필가)

| 작품 해설 |

풍자와 깊은 은유의 해학을 넘어

지연희(시인, 수필가)

뮤즈는 시인과 예술가들에게 영감과 재능을 불어 넣어주는 예술의 여신이다. 또한 지나간 모든 것들을 기억하는 학문의 여신이기도 하다. 더불어 뮤즈는 '생각에 잠기다, 상상하다, 명상하다'라는 뜻의 고대 그리스어에서 비롯된 무사^{Musa}라 불리어 지기도 했다. 이처럼 시인에게 있어 생각하고, 상상하고, 명상하는 일은 사람이 보고 듣고 말하고 느끼는 일상 속 보편적인 일과를 수행하는 일과 같다. 예술의 여신인 뮤즈의 영감과 재능을 이어받기 위해 수많은 시인들은 이 순간에도 고뇌의 잔을 마시고 있을 것이다. 예술적 재능이 문학과 음악으로 넘치는 장의순 시인이 긴 침묵을 깨고 두 번째의 시집을 출간한다. 첫 시집 출간 이후의 오랜 기다림만큼 기대해도 좋을 빛나는 시들이 적지 않다. 한 편 한 편에 기울인 고뇌의 흔적임에 분명하다. 장의순 시인의 첫 시집 해설 도입부에 보면 시집 『쥐똥나무』는 보랏빛 차일 같은 클래식한 부드러움이 존재하는가 하면 풍자와 깊은 은유의 해학을 담은 큰 그릇의 울림이라고 했다. 시 「항변」이나

● 작품 해설

「취기」 같은 시가 이를 명증하게 보여주는데 '마치 남성 시인이 아닌가 할 만큼 대상을 다루는 언어의 무게가 진중하다.'라고 언급하고 있다. 장 시인의 시어에서 느낄 수 있는 정서는 거침없는 단호함과 선이 굵은 이미지다. 이는 두 번째의 시집에서도 독특하게 드러나는 요소이다. 그러나 두 번째 시집 『아르페지오네 소나타』에서는 그 해학적이며 단호한 호흡이 보다 안정감 있게 의미를 감싸며 단아함을 더하고 있다. 그만큼 고아하고 성숙한 시학의 향취에 젖어 들게 하는 시편들이다.

> 삼월
> 매일 매일
> *詩 한 편씩 쓸 것 같은 감성*
> 새싹처럼 새파랗게 돋아난다
>
> 사월
> 나풀나풀
> 꽃 속에 앉은 나비처럼 행복하여
> 꽃향기 속에 방향을 잃었다
>
> 오월
> 흐물흐물
> 눈부신 봄이 무르익을 때면 꽃 속에 詩도 나도 함께 녹아 버렸다.
>
>   - 시 「봄날 詩 한 수」 전문

| 작 품 해 설 |

> 하이얀 접시에 담겨진
> 붉고 푸르고 노란 색깔의
> 초대장은 꽃이다
>
> 자르르
> 윤기 도는 따뜻한 음식은
> 촉촉하게 젖은 눈동자다
>
> 살아있는 꽃
> 살아있는 눈
>
> 그들은
> 선택받기를 원한다
> 어여삐 보는 자와 소통한다
>
> 도공의 혼으로 빚어졌고
> 인정의 손으로 차려진
> 식탁 앞에
> 우리는 달덩이가 된다
>   - 시 「식탁 위의 접시」 전문

 삼, 사, 오월의 봄 향기에 취한 시인의 감성이 꽃송이처럼 피어나고 있다. 삼월로부터 마주하는 봄의 물리적(새파랗게 돋아나는 새싹/꽃 속에 앉은 나비) 대상들과 나누는 조우가 매우 감각적이다. 매일 詩 한 편씩 쓸 것 같은 감성이 새싹처럼 새파랗게 돋아나고, 다시 사월을 맞이하고 꽃 속에 앉은 나비처럼 행복하여 꽃향기 속에 방향을 잃고 있는 화자의 모습이 천연하다. 오월, 눈부시게 봄이 무르익을 때면 꽃 속에 詩도, 나도 함께 계절의 현상 속에 빠져 버리는(녹아 버리는) 物我一體의 경지에 닿아 마침내 신비의 세상을 구축해 내는 것이다. 시 「봄날 詩 한 수」는 이처럼 우주적 순환으로 제시한 계절의 조화를 눈부시게 익어가는 시간의 흐름 속에 담아내고 있다.

시 「식탁 위의 접시」는 시각적 이미지를 주재료로 상상의 세계를 열어 의미를 확대시키고 있다. '하이얀 접시에 담겨진/붉고 푸르고 노란 색깔의/초대장은 꽃이다'라고 언급하는 의도를 따라가 본다. 흰 바탕의 접시 위에 새겨진 꽃문양을 일차적 상관물인 '초대장'으로 대입시킨다. 꽃은 생명을 내장한 의식을 키워 사람을 부르는 초대장이 된다. 나아가 그 접시 위의 음식은 촉촉하게 젖은 눈동자로 전의되고 있다. 육신의 건강을 위해 존재하는 음식물이 사물을 바라보고 인식의 눈을 틔우는 '안목眼目'으로 바뀌는 과정이다. 무감각의 존재가 깨우침의 길을 여는 감각적 존재로 생명을 지니게 된다. '살아있는 꽃=(접시 위의 문양)' '살아있는 눈=(접시 위의 음식)'으로 재탄생되는 존재의 신비를 만나게 된다. '자르르/윤기 도는 따뜻한 음식은/촉촉하게 젖은 눈동자' 먹음직하게 윤기 도는 음식이 시인의 상상의 세계에 들어 식탐을 부르고 있다. 그들은 선택받기를 원하고 어여삐 보는 자와 소통하여 부르고 다가서는 관계를 성립하게 된다.

> 타는 노을 속에
> 내 붉은 눈물은 허무의 결정체다
> 이런 시간을 위해

| 작 품 해 설 |

나는 *轉落*했다고 말한다

어느 시인이
이 순간을 노래할 수 있다면
*畵家*가 없어도 좋으리
어느 화가가
이 순간을 그릴 수 있다면
詩人 없어도 좋으리

그냥
울고 있는 나는 바보
바보인 것을
                    - 시 「일몰 日沒 1」 전문

뙤약볕 아래
풍만한
여인의 하반신이
꿈꾸듯
허옇게 일광욕하고 있다

쏴아~
광풍이 불면
몸부림치는 파도를
운명처럼 받아준다
                    - 시 「방파제」 전문

● 작품 해설 _____

시는 무궁한 빛의 세계를 여는 아름다운 공간이다. 어떤 대상이든 그곳에 빠져들면 본래의 본질을 뛰어넘어 아득한 창조의 의미 속에 침잠하는 신비의 세상이다. 때문에 예측할 수 없는 존재들의 화합과 소통을 통하여 세상 모든 존재들의 가치를 이해하고 통일시키는 통찰의 정신이 필요하다. 장의순 시 정신의 길이 그곳에 놓여 있어 앞서 감상한 시편과 함께 시 「일몰日沒 1」이나 시 「방파제」에서도 서슴없이 감상의 폭을 넓혀 나가도 좋겠다는 생각을 한다.

시 「일몰日沒 1」은 '타는 노을'의 아름다움에 대한 경탄이다. 그 경탄의 양감을 붉은 눈물로 저울질하지만 끝내 허무로 남기며 그런 스스로를 전락轉落이라는 육중한 역설로 의미를 상승시키고 있다. 어느 시인이 이 순간을 노래할 수 있다면 화가가 없어도 좋고, 어느 화가가 이 순간을 그릴 수 있다면 시인이 없어도 좋겠다는 무엇으로도 표현되어지지 않는 아름다움을 토로하고 있다. 다만 울음이라는 카타르시스에 닿는 극한의 질감은 아리스토텔레스의 시학에서 '비극이 관객에 미치는 중요한 작용의 하나는 치유의 목적'이라고 하였듯이 독자를 아름다움의 극치에 이끌기 위한 수법이 아니겠는가 싶다.

시 「방파제」에 이끌려 강릉 어느 바닷가 방파제에 눈을 감고 다가섰다. 두말할 것도 없이 오감을 자극하는 풍만한 여인의 하반신이 나신으로 누워 일광욕을 하고 있는 모양새다. '뙤약볕 아래/풍만한/여인의 하반신이/꿈꾸듯/허옇게 일광욕하고 있'는 것이다. 이처럼 육감적이고 관능적인 그림을 그릴 수 있는 여성 시인도 많지 않은 편이다. 더구나 '쏴아~/광풍이 불면'으로 청각적 이미지를 잇고 있는 광

| 작 품 해 설 |

풍의 은유적 이미지가 시사하는 의도는 '몸부림치는 파도'를 운명처럼 받아주고 있는 여인의 몸짓이다. 자못 사실적인 터치의 에로틱한 그림 한 편을 연상하게 한다.

> 실바람에도 흔들리는 가냘픈 꽃이여 희지도 푸르지도 않는 미묘한 빛깔 한여름 지나 저녁 조수처럼 밀려와 서로 의지하고 곧게 뻗은 촘촘한 밑동은 바알갛게 달아올라 가없는 허생원의 사랑이 배어 있다 메밀꽃 그대
> 가산*을 위해 태어났다 님의 넋인 양 내밀內密한 꽃잎 위에 호랑나비 춤을 춘다
> — 시 「가산의 뒤뜰에서」 전문

> 잠에서 깨어나
> 열린 창으로 밀려오는
> 풀벌레의 합창을 듣는다
> 리듬을 탄 밤의 어둠이
> 거대한 깃털 구름 덩이가 되어
> 가벼이 들썩이고 있다
> 전혀 시끄럽지 않는 大河의 숨결
> 한갓 미물도 대하의 소리를 만든다
>
> 찌는듯한 여름의 열기를
> 장마와 태풍 속으로 흘려보내고
> 머지않아 우리는 또 겨울을 준비할 것이다
> — 시 「가을이 오는 소리」 전문

장의순 시의 진수는 시「가산의 뒤뜰에서」도 유감없이 펼쳐진다. 짧은 산문시의 구조로 쓰인 이 시는 소설가 이효석의「메밀꽃 필 무렵」을 배경으로 축조하고 있다. 이효석의 생가 뒤뜰 메밀꽃밭 호랑나비의 날갯짓을 만나고 허생원의 사랑이 연상된다. 실바람에도 흔들리는 가냘픈 꽃이 희지도 푸르지도 않은 미묘한 빛깔의 '메밀꽃 그대' 사랑이 묘사된 순연한 사랑의 아름다움이 처연하게 나부끼고 있다. 어쩔 수 없이 소설 속 인물들(허생원)과 조우하게 하며 자연 친화적 황토성 짙은 서정적 소설을 쓴 이효석의 정신을 배면에 깔고 있는 이 시는 허생원의 삶과 사랑의 에스프리다. 물론 장돌뱅이 친구 조선달과 동이의 걸쭉한 대화도 연상하게 한다. 가산可山은 이효석의 호이다. 때문에 화자는 마지막 연을 이렇게 장식하고 있다. '임의 넋인 양 내밀內密한 꽃잎 위에 호랑나비 춤을 춘다'. 내연의 깊이는 메밀꽃의 존재성이 이효석의 소설 문학 탄생으로부터 시작되었음을 대변하고 있다. 호랑나비로 육화된 허생원(이효석)이 가산의 뒤뜰 메밀밭에서 춤을 추고 있다. 이효석의 메밀꽃은 예나 지금이나 가산을 위해 피어나고 있다는 것이다. 많은 언어를 들어내지 않아도 느낄 수 있는 언어가 시적 언어이다. 많은 의미를 축약하고 있지만 많은 이야기를 들려주는 시가 시「가산의 뒤뜰에서」가 아닌가 싶다.

시「가을이 오는 소리」는 풀벌레의 울음소리로 리듬을 타는 밤의 어둠이 거대한 깃털 구름 덩이가 되어 들썩이고 있다. 대하大河의 숨결로 소리를 만들어 물 흐름을 잇고 있는 계절의 시간을 확인하게 한다. 한낱 미물의 울음소리가 강물로 흐르는 이 가을의 시작은 찌는

| 작 품 해 설 |

듯한 여름의 열기를 장마와 태풍 속으로 흘려보내고 유유히 흐름의 속성을 짓고 있는 질서와 마주하게 된다. 하여 머지않아 우리는 또 겨울을 준비해야 한다는 것이다. 열린 창으로 들려오는 이 엷은 벌레 소리의 가을의 시작은 또 다른 계절을 준비하게 하는 전령임을 시 「가을이 오는 소리」는 제시한다. 온갖 꽃으로 피어난 봄은 싱그러운 젊음의 여름을, 찌는 여름은 풀벌레 우는 고즈넉한 가을을, 가을은 조용히 침잠하는 침묵의 겨울을, 겨울은 화려한 몸단장의 봄날을 기다리는 시간의 연속성을 이 시는 보여준다. 그러나 이 시의 공간성은 가을의 시간 속에 진입하는 화자의 모습으로 보인다. 거침없이 흐르는 大河의 강물 소리(시간)를 듣게 된다.

옷깃을 여미도록 서늘하다
덥다고 투덜거리던 때가
어제인 듯한데
따뜻함이 그리운 계절이다

세월은
거꾸로 거스르는 게 아니라
강물처럼 흘려보내고

우리는
비 온 뒤의 물고기처럼
거슬러 거슬러 오른다
그곳이 어딘지도 모르고
　　　　　- 시 「세월은」 전문

● 작품 해설 _____

*너를 안다
너를 아는 것만큼
너를 알지는 못한다*

*웃고 있다
웃는 것만큼
너는 울고 있었다*

*울고 있다
우는 것만큼
너는 웃고 있었다*

*그것은
헝클어진 열망의 냉소다*
   - 시 「자화상」 전문

  시 「세월은」과 시 「자화상」은 시인의 삶과 무관하지 않은 퍼즐이 존재한다. 이제 무덥던 여름은 지나고 옷깃을 여미도록 서늘함을 느낄 수 있는 가을을 맞이하고 있다. 온갖 곡식을 거두어들이듯이 삶의 의미를 정리하는 시간에 서 있는 화자를 만나게 되는데 세월은 덧없이 흐름을 연속하고 있다. 무더운 여름날 덥다고 투덜거리던 때가 어제인 듯 따뜻함이 그리운 계절에 세월이 흐르고 있음을 피부로 느끼고 있는 것이다. 뿐만 아니라 세월은 거꾸로 거스르는 게 아니라 강물처럼 멈춤 없이 흘려보내야 하는 속성을 지녔고 그 속에서 모두 살아가고 있음을 확인하고 있다. 그럼에도 우리는 비 온 뒤의 물고기처

| 작 품 해 설 |

럼 거슬러 거슬러 오르기만 하는 삶을 살고 있음을 말한다. 시 「세월 은」은 속절없이 흐르는 시간의 뒤편에서 그곳이 어딘지 모른 채 오르기를 거부하지 못하는 인간의 맹목적 모순의 삶을 짚어내고 있다.

  시 「자화상」은 너를 알면서도 아는 것만큼 알지 못한다는 모순 속에서 진실을 말한다. 잘 아는 것 같다가도 알 수 없는 너로 지칭된 개관적 시선의 너는 자화상이다. '웃고 있다 웃는 것만큼 너는 울고 있었다'는 이중성의 너를 바라보는 시선이 진실이자 모순인 셈이다. 불경에 따르면 무소유는 곧 갖는 것이라고 한다. 물질을 버리면 정신이 풍요해진다는 뜻이다. 알다가 모르고, 웃다가 우는 일, 이는 세상 속에 놓인 가장 인간적인 삶의 표현이며 진실한 감성의 표현이다. 자화상의 너는 지금 '울고 있다/우는 것만큼/너는 웃고 있었다//그것은/헝클어진 열망의 냉소' 울음 뒤에 숨은 웃음, 웃음 뒤에 숨은 울음이 낯설지 않다. 이는 모두 헝클어진 열망으로 점철된 현대인의 군상이지 않겠는가 싶다.

      당신으로 인해 영원히 추억될
      이제는 세상에 존재하지 않는 악기
      당신이 아니었으면
      어찌 아르페지오네의 이름이
      지금 인간의 기록 속에 또렷이 남아 있을까

      나는 아르페지오네
      세상에 태어나 짧은 생애를 마친
      고만고만한 현악기였지

● 작품 해설

억겁의 인연 속에서
고작 31년을 살다간
천재 슈베르트를 만난 것은 참으로 행운이었어

아르페지오네 소나타
생명의 소리를 만들어준 匠人의 魂이 위로받을 것이요
낙엽 휘날리는 가을날
감미롭고 중후한 저음 악기의 선율에는
낭만과 우수와 비애가 묻어있는 당신의 예술혼이
나의 목소리로 오롯이 담겨져 있네요
— 시「아르페지오네 소나타」전문

밤이면 좋겠네
달밤이면 더욱 좋겠네
사랑하는 사람끼리라면 더더욱 좋겠네

낮이면 어떠리
골방이면 어떠하리
혼자라서 더더욱 좋으네

기쁠 때는 고요를
슬플 때는 위안을

고운 빛으로
어루만져 주는 그대
마음은 어느새 천사가 되어 비단 구름 속을 헤매이네
— 시「G 선상의 아리아를 들으며」전문

| 작품해설 |

　시와 음악은 리듬을 다루는 예술 장르로 한통속이다. 무엇보다 음악의 다양한 장르에 견해를 지니고 있는 장의순 시인의 시 「아르페지오네 소나타」와 시 「G 선상의 아리아를 들으며」는 이 시집 여느 시 못지않은 장 시인다운 정서를 확연히 내포하고 있다. 함께 하는 시 문학동인들이 모여 흥에 겨운 날이면 우리 가곡 한두 곡은 멋지게 소화해 내는 남다른 재주를 지니고 있는 사람이 장 시인인 까닭이다. 아르페지오네는 기타 첼로라고 불리어지는 현악기로 1823년 빈의 시타우퍼가 발명한 악기이다. 모양은 기타와 같고 비올라 다 감바와 흡사하다고 한다. 오직 슈베르트만이 이 악기를 위하여 '아르페지오네 소나타'를 작곡했을 뿐이다. '감미롭고 중후한 저음 악기의 선율에는/낭만과 우수와 비애가 묻어있는 당신의 예술혼이/나의 목소리로 오롯이 담겨져 있네요.' 이 시의 화자 아르페지오네가 슈베르트에게 들려주는 감사와 존경의 헌사이다. 슈베르트, 아르페지오네, 시인의 예술혼이 한 편의 시 속에서 감미롭게 숨 쉬는 듯하다.
　시 「G 선상의 아리아를 들으며」는 바흐의 관현악 모음곡 소나타 A단조 G선상의 아리아를 감상하며 그 감동의 크기를 시적 언어로 형상화 시킨 것이다. 아름다운 멜로디를 청각에 담아 가슴으로 스며들게 하는 일처럼 행복한 것이 또 있을까. 화자의 심정이 바로 그와 같았으리라 유추된다. '밤이면 좋겠네/달밤이면 더욱 좋겠네' 달빛 환한 밤 사랑하는 사람과 함께 G 선상의 아리아를 감상하는 시간이면 더욱 좋겠다는 것이다. 아니 낮이면 어떻고, 골방이면 어떻겠는지. 혼자라서 더더욱 좋다는 행복의 질감은 어느새 날개를 펴고 비단 구름

● 작품 해설 ＿＿＿＿＿＿＿＿＿＿＿＿＿＿＿＿＿＿

속을 헤매는 한 마리 새가 된다. 문득 첫 시집 『쥐똥나무』 속 한 편의 시 「취기」가 생각난다. '왠지 기분이 좋다/왠지 웃음이 자꾸자꾸 나온다/열 받은 문어처럼/가지가지가 율동한다//이제껏 아무 욕심도 없었는데/왜 흐릿한 동공에 이슬은 맺히는가/이 휑한 가슴은 누구를 기다림인가' 보리밭의 화가도 달밤의 시인도 귀머거리 광인의 피아노도 부럽지 않다는 이 호탕한 언술이 장의순 시의 예술적 기질이다.

한 권 분량의 시를 읽고 그중 작품해설을 쓰기 위해 몇 편의 시를 선택하였지만 언급해야 할 시들이 여러 편이다. 무엇보다 첫 시집의 향취에서 보다 원숙한 자태의 시들이 많아 독자의 한 사람으로 기분이 좋다. 시작 활동의 시간이 어언 20년에 가깝지만 펜을 놓지 않고 꾸준히 써온 노력의 답이다. 문인의 이름을 지닌 사람들이라면 쉼 없이 창작의 방에 불을 밝히는 일이 우선되어야 한다. 오곡이 익어가는 이 풍성한 가을, 좋은 시에 목마른 독자들에게 큰 선물이 될 것이라 기대하며 펜을 놓는다.

아르페지오네 소나타

장의순 시집